Con sonrisas de maíz,
para Holly, Luna,
Pablo y Mama Serve.
— **JA**

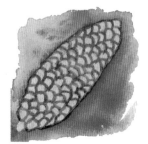

With corn smiles, for
Holly, Luna, Pablo and
Mama Serve. — **JA**

NOTA

Todas las etapas de la receta que vienen marcadas con * requieren
la participación o supervisión de un adulto.

NOTE

All stages of the recipe that are marked * require the participation or
supervision of an adult.

Text copyright © 2013 by Jorge Argueta
Illustrations copyright © 2013 by Domi
English translation copyright © 2013 by Elisa Amado
Published in Canada and the USA in 2013 by Groundwood Books

Groundwood Books / House of Anansi Press
110 Spadina Avenue, Suite 801, Toronto, Ontario M5V 2K4
or c/o Publishers Group West
1700 Fourth Street, Berkeley, CA 94710

We acknowledge for their financial support of our publishing program the Government of Canada through the
Canada Book Fund (CBF).

Library and Archives Canada Cataloguing in Publication
Argueta, Jorge
Tamalitos : un poema para cocinar / escrito por Jorge
Argueta ; ilustrado por Domi ; traducción de Elisa
Amado = Tamalitos : a cooking poem / words by Jorge
Argueta ; pictures by Domi ; translated by Elisa Amado.
Text in Spanish and English.
ISBN 978-1-55498-300-1
1. Stuffed foods (Cooking) — Juvenile poetry. 2. Cooking —
Juvenile poetry. 3. Children's poetry, Salvadoran. I. Domi
II. Amado, Elisa III. Title.
PQ7539.2.A67T35 2013   j861'.64   C2012-905130-6

The illustrations were done in watercolor.
Design by Michael Solomon
Printed and bound in China

TAMALITOS

Un poema para cocinar

•

A Cooking Poem

ESCRITO POR / WORDS BY

JORGE ARGUETA

ILUSTRADO POR / PICTURES BY

DOMI

Traducción de / Translated by
Elisa Amado

GROUNDWOOD BOOKS / LIBROS TIGRILLO
HOUSE OF ANANSI PRESS
TORONTO   BERKELEY

Cuando digo que voy a preparar tamalitos de maíz
pienso en granitos de maíz
blancos, amarillos, azules,
morados, rojos y negros...
como un arcoíris
cuando medio llueve.

Cuando digo tamalitos de maíz
pienso en una milpa.
Así se le llama al terreno
donde brota la planta de maíz
al sembrarse el granito
en la Madre Tierra.

☼

When I say I'm going to make tamalitos
I think about kernels of corn —
white, yellow, blue ones,
purple, red and black ones —
like a rainbow
when it's drizzling.

When I say tamalitos
I think of a field of corn.
That's the place
where a corn plant sprouts
when we plant kernels of corn
in Mother Earth.

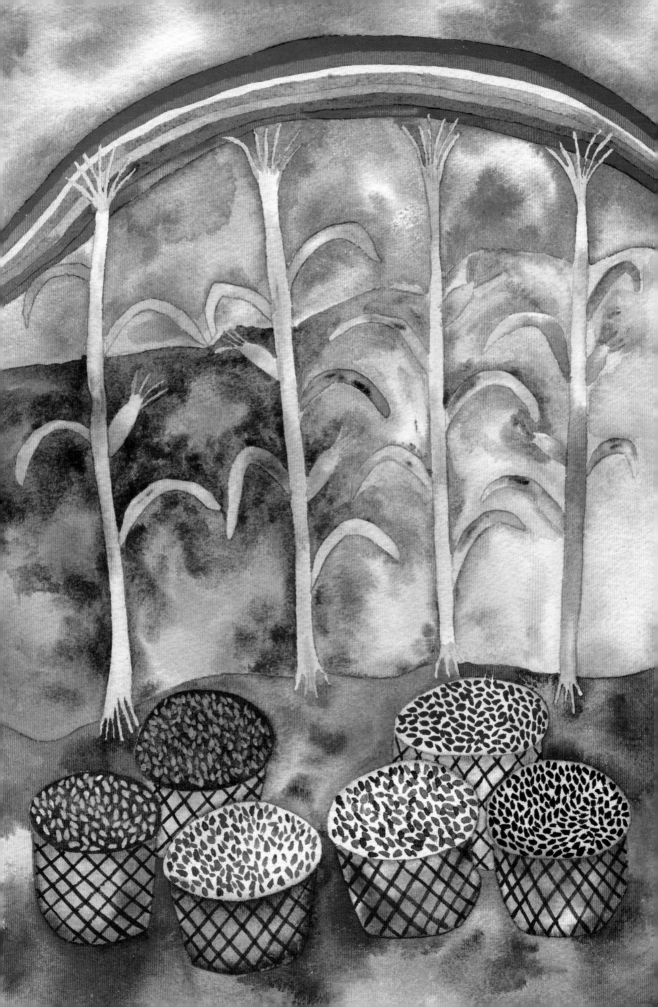

La mata de maíz
crece recta, alta y verde.
Grandes cabellos sedosos que parecen plumas
coronan los elotes.

Mi abuela me dice
que el más anciano elote de maíz en todo el mundo
lo halló un arqueólogo en Centroamérica.
Nuestros abuelos indios
ya comían tamalitos de maíz.
También cuenta el Popol Vuj,
el libro sagrado de los mayas,
que los primeros hombres y mujeres fueron hechos de maíz.

The corn plant
grows straight, tall and green.
Its silk, like feathers,
crowns the ear of corn.

My grandmother tells me
that the oldest corncob in the whole world
was found by an archeologist in Central America.
Our indigenous ancestors ate
tamalitos made from corn.
It also says in the Popol Vuh,
the sacred book of the Maya,
that the first men and women were made of corn.

Preparar unos deliciosos tamalitos de maíz con queso
es muy fácil.

Sólo necesitas lo siguiente:
masa seca,
una olla de vapor
y varios otros recipientes que podrían ser tambores.
Necesitas media libra de queso fresco,
una taza de aceite,
una cucharadita de sal,
dos tazas de agua tibia,
tuzas de maíz
y nada más.

✻

It's very easy to make
corn tamalitos stuffed with cheese.

All you need is
dry corn masa,
a pot for steaming
and various other pots that could be drums.
You need half a pound of fresh white cheese,
a cup of oil,
a teaspoon of salt,
two cups of warm water,
cornhusks
and nothing else.

En la milpa las tuzas
eran verdes y blanditas
y cubrían las mazorcas de maíz.
Ahora están secas y parecen balsas de madera.

Toca el tambor de tu olla.
Mi tambor al tocarlo
me recuerda los truenos de la lluvia.
Estoy bailando y tocando mis tambores.
El tun-tun de mis tambores
me hace reír.

Echa agua en tu olla que también es un tambor
y adentro pon las tuzas a remojar.

☼

In the cornfield the husks
were green and soft
and covered the ear of corn.
Now they are dry, like little wooden boats.

Beat the pot like a drum.
When I drum on my pot
I remember the beating of the rain.
I'm dancing and drumming.
The tum-tum of my drums
makes me laugh.

Fill your drum pot with water
and soak the husks.

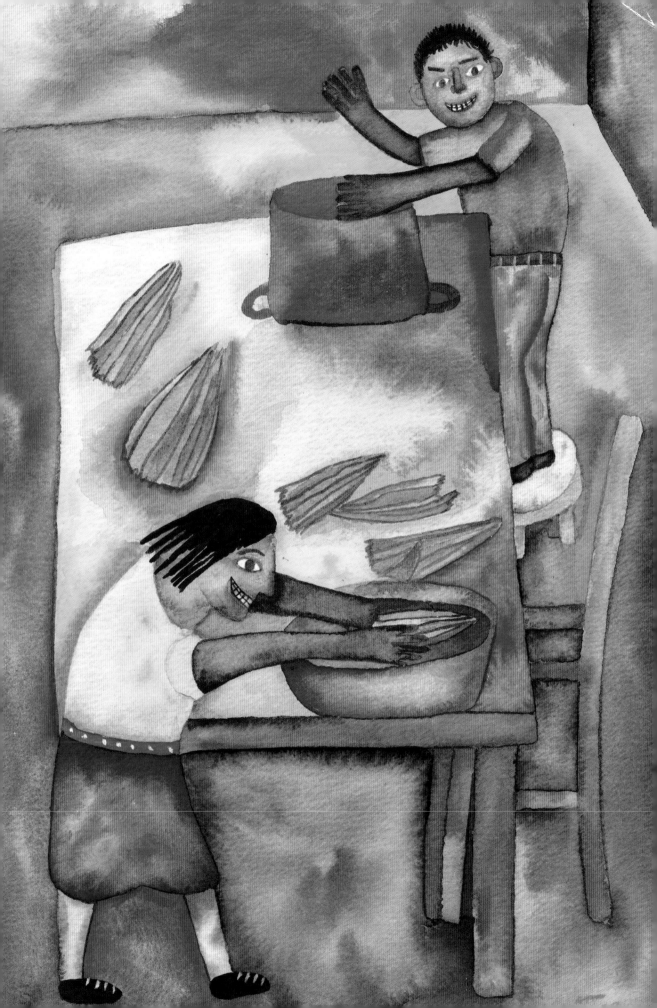

Pon dos tazas de agua en otra olla.
Llévala a la estufa*
y déjala sobre el fuego por pocos minutos.
El agua no debe estar caliente,
la necesitas tibia.
Esta agüita la usarás para hacer la masa de maíz.

Necesitas un traste hondo para amasar la masa.
El mío es otro tambor.
Lo toco y bailo la danza nahua del maíz,
la danza maya del maíz,
y bailo la danza azteca
y bailo la danza pow wow
y también la danza del maíz de todos
los pueblos del maíz.

☼

Put two cups of water in a pot.
Place it on the stove*
and let it heat up for a few minutes.
The water shouldn't get too hot.
You need it to be lukewarm.
You'll use this water to make the dough.

You'll need a bowl to mix the dough.
Mine is another drum.
I drum and dance the Nahua corn dance
and the Maya corn dance
and the Aztec dance
and the powwow dance
and the corn dance
of all the people of corn.

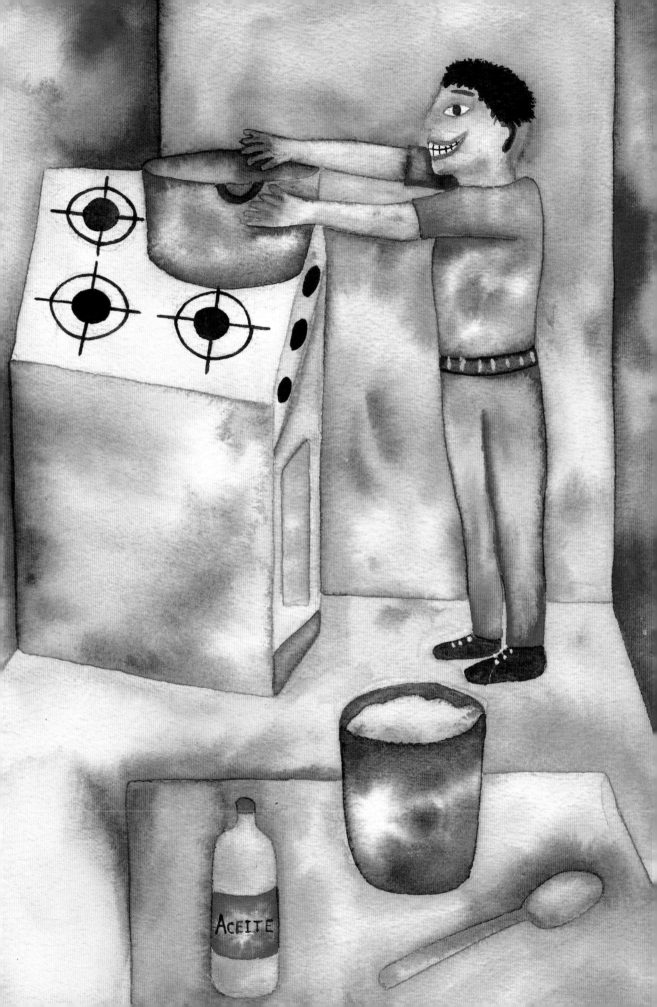

Abre la harina para hacer masa de maíz.
Ummm, ¡qué olor tan delicioso!
Así huele la Madre Tierra.

La harina es blanca,
es amarilla,
es polvo,
es suavecita.

Con la harina de maíz
señala las cuatro direcciones:
piensa en el norte de las montañas,
en el sur de las milpas,
en el este del sol,
y en el oeste de las estrellas.

☼

Open the package of corn masa.
Ummm, how good it smells,
like Mother Earth.

The flour is white,
it's yellow,
it's powdery,
it's soft.

With the flour
mark the four directions.
Think North for the mountains,
South for the fields of corn,
East for the sun,
and West for the stars.

La cocina es una milpa en flor.
Hay flores y nubes de maíz,
el viento es maíz,
el fuego es maíz.
Estoy bailando la danza del maíz.
El olor del maíz me hace volar.
Estoy cantando el canto del maíz.
Soy un cocinero de maíz.
El olor del maíz me vuelve más feliz.
¡Estos tamalitos serán tamalitos de maíz feliz!

✵

The kitchen is a field of corn in flower.
There are flowers and clouds of corn,
the wind is corn,
the fire is corn.
I am dancing the dance of corn.
The smell of corn makes me fly.
I am singing the song of corn.
I am a corn cook.
The smell of corn makes me happy.
These tamalitos will be happy corn tamalitos!

Mide con cuidado cuatro tazas de masa seca.
Ahora echa el agüita tibia sobre la masa seca,
poco a poquito.
Al mezclar el agua con la harina tienes masa.
Mete tus manos en la masa.
Menea tus manos
y tus brazos
y tu cuerpo.
Siente la masa,
apriétala,
remuévela,
estrújala,
amásala.

☼

Measure four cups of flour.
Add the lukewarm water,
little by little.
When the water and flour are mixed, you have masa.
Stick your hands in the dough.
Move your hands
and your arms
and your whole body.
Feel the dough,
squeeze it,
stir it,
squish it,
knead it.

Deja que tus dedos
bailen la danza del maíz
mientras amasas la masa.
Échale más agua hasta que la masa quede
ni muy dura, ni muy blandita.

Ahora échale a la masa
una taza de aceite.
Mete las manos en la masa.
Mueve, amasa, hasta que
se mezcle bien la masa de maíz.
Échale más agua tibia
y sigue mezclando con dulzura.
La masa debe quedar dócil:
ni muy muy dura, ni tan tan blandita.

☼

Let your fingers
dance the corn dance
while you knead the dough.
Add more water until the dough
is neither too hard nor too soft.

Now add a cup of oil
to the dough.
Stick your hands in the dough.
Stir and knead until
the corn dough is well mixed.
Add more warm water
and keep mixing. Be gentle.
The dough should be just right,
neither too squishy nor too squooshy.

Ahora te toca echar la sal,
una cucharadita basta.
Vacíala sobre la masa y sigue
bailando la danza del son del maíz.
¡Qué rico huele la cocina!
¡Qué feliz está la cocina!
¡Qué feliz está toda la casa!

Saca de tu refrigeradora
la media libra de queso fresco
y pártelo en trocitos.
Los pedazos de queso deben ser pequeños,
del tamaño
de tu dedo pulgar.

☼

Now it's time to add the salt,
a teaspoon will do.
Sprinkle it on the dough while you
dance the corn dance.
Yummy smells in the kitchen!
The kitchen is happy!
The whole house is happy!

Take the half pound of fresh cheese
out of the refrigerator.
Divide it into pieces.
The pieces of cheese should be small,
the size of
your thumb.

Ya casi estamos listos para envolver
los tamalitos en las tuzas.
Limpia bien tu mesa.
Pon en ella todo lo que vas a usar:
las tuzas que has estado remojando,
el queso que partiste en trocitos,
la masa blanda,
y la gran olla de vapor
donde has puesto un colador
y agua.

Por los hoyitos del colador
subirá el vapor para cocinar los tamalitos.

✲

Now we are almost ready to wrap
the tamalitos in the cornhusks.
Clean your table well
and on it place all that you will use —
the husks you've been soaking,
the cheese you've divided in pieces,
the soft corn dough
and a big pot,
where you've placed a steamer
and water.

The steam will rise
through the steamer's holes and cook the tamalitos.

Toma una tuza,
siéntala y escoge el lado más suave:
en este lado vas a poner la masa.
Recuerda que al poner la tuza en tu mano
el lado más ancho
debe quedar
hacia tu brazo.
El lado más angosto o la punta,
que es como una colita,
debe quedar hacia tus dedos.
La tuza le servirá a la masa
como una sábana;
la va a envolver mientras se cuece.
Ahora estás listo para rellenar y envolver
los tamalitos de queso.

✻

Take a husk,
feel it and find the softest side.
That is where you will place the dough.
Remember that you should put the husk in your hand
with the wide end
toward your arm.
The narrow end
that's like a tail
should point toward your fingers.
The husk will be like
a little sheet for the dough
while it's cooking.
Now you are ready
to fill and wrap up the cheese tamalitos.

Toma una cuchara mediana
y llénala de masa.
Pon la masa en el centro de la tuza
y aplasta la masa con tu cuchara.
Pon un pedazo de queso
dentro de la masa.
Ahora dobla un lado de la tuza
sobre la masa,
ahora otro y otro y otro hasta que
tengas un paquete de masa.
La masa parece una almohadita
en medio de la tuza.

Take a medium-size spoon
and fill it with dough.
Put the dough in the middle of the husk
and press the dough with your spoon.
Put a piece of cheese
in the dough.
Now fold one side of the husk
over the dough,
now the next and the next and the next until
you have a little dough package.
The dough is like a little pillow
in the middle of the husk.

Uno por uno pon los tamalitos
en el colador, dentro de la olla.
Ponlos bien ordenaditos, unos contra los otros,
y cubre los tamales con todas las tuzas
que te quedan.

Pon la olla al fuego.*
El agua comenzará a hervir suavemente.
Por una hora y media los tamalitos* estarán ahí,
cantando en su lengua de maíz.

Cuando llegue la hora, apaga el fuego.*
Quita con cuidado la tapadera de la olla.*
Espera unos minutos
y con cuidado saca las tuzas de maíz.*
Ummm, ¡qué rico huelen los tamalitos!

One by one, place the tamalitos
in the pot on top of the steamer,
nice and tidy, one next to the other.
Then cover them up with all the husks
you haven't used.

Light the fire under the pot.*
The water will begin to simmer.
The tamalitos will stay there for an hour and a half,*
singing their corn language.

When the time is up, turn off the fire.*
Carefully take the top off the pot.*
Wait a few minutes
and carefully remove the husks that were covering the tamalitos.*
Ummm, they smell good.

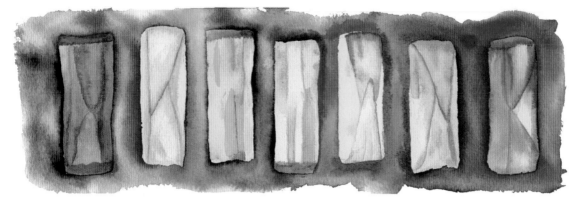

Ahora sácalos uno por uno.*
Ponlos en un plato grande.
Baila la danza del maíz,
la danza de los tamalitos.
Llama a tu mamá,
a tu papá,
a tus hermanitos.
Todo está listo
para saborear los tamalitos.
Verás el vapor saliendo de los tamalitos,
como un suspiro.
Desenvuélvelos.
Ummmm, ¡qué deliciosos tamalitos,
estos tamalitos de maíz hechos con amor!

Now take them out, one by one.*
Put them on a big plate.
Dance the corn dance.
Dance the tamalitos dance.
Call your mother,
your father,
your brothers and sisters.
You are ready
to relish the tamalitos.
You'll see some steam
float off the tamalitos like a little sigh.
Unwrap them.
Ummmm, what delicious tamalitos,
these tamalitos made of corn with love.